Literatura 1 -2 -3
Nivel Avanzado
Cuaderno 3

Por Irene A. Zingg

ISBN: 978-1-387-00801-8

Tabla de Contenido

Introducción

Objetivos del programa Literatura 1-2-3

El objetivo de este programa es ofrecer a profesores y estudiantes un compendio de estrategias y materiales que faciliten el aprendizaje gradual del estudio de la literatura.

Se espera que el material que aquí se presenta ayude a los estudiantes a desarrollar vocabulario técnico específico; expresar opiniones, ideas y puntos de vista de manera clara y fluida; y establecer conexiones entre obras y autores. Todo esto en un ambiente colaborativo en el que los participantes se sientan social y emocionalmente cómodos.

Nótese que las actividades que aquí se sugieren son altamente flexibles y pueden ser usadas con cualquier texto literario elegido por profesores o estudiantes. También se incluyen recomendaciones a textos específicos que pueden encontrarse en la red. Estos textos recomendados se encuentran a disposición del profesor en nuestro portal digital Schoology: Literatura 1-2-3.

Contenido del programa Literatura 1-2-3

El programa Literatura 1-2-3 comprende tres cuadernos en tres niveles:
Básico: para los cursos de español 2 y/o 3.
Intermedio: para el curso de español 4 y/o Pre-Lengua y Cultura AP
Avanzado: para los cursos de español 5 y/o Lengua y Cultura AP.

Cada cuaderno está dividido en tres partes:

Referencias generales: esta parte comprende listas de vocabulario de uso frecuente y fuentes de referencia para profesores y estudiantes.

Contenido técnico: en esta parte se incluyen las explicaciones básicas de los elementos técnicos que el estudiante deberá dominar.

Actividades: esta parte consiste en una lista de ejercicios y dinámicas de clase para el profesor. Estas actividades pueden usarse con cualquiera de los textos recomendados en el orden que se considere más apropiado. Cada actividad ha sido diseñada para desarrollar una o varias destrezas específicas. Se sugiere repetir la actividad con textos distintos durante el año escolar de manera que los estudiantes y profesores puedan ver claramente el avance en el desarrollo de las destrezas.

Nivel Básico Cuaderno 1	Nivel Intermedio Cuaderno 2	Nivel Avanzado Cuaderno 3
Elementos de análisis literario: autor, narrador, cuento, novela, prosa, lector, público, obra, ambiente.	Géneros Literarios: lírica o poesía, drama o teatro, narrativa (cuento y novela) y ensayo.	Géneros Literarios: Literatura Epistolar, Novela Picaresca
Figuras retóricas: 1. Aliteración 2. Asíndeton 3. Enumeración 4. Hipérbole 5. Imágenes 6. Onomatopeya 7. Paralelismo 8. Polisíndeton 9. Prosopopeya 10. Tropos	Elementos de análisis literario: atmósfera, desenlace, tono.	Elementos de análisis literario: alegoría, apología, simbolismo cromático, Metatexto, intertextualidad, verosimilitud, polifonía o multiplicidad de voces
Obras sugeridas: POESÍA • Oda a las papas fritas por Pablo Neruda • Canción del pirata por José de Espronceda • Canción del jinete por Federico García Lorca • Rima IV por Gustavo Adolfo Bécquer	Figuras retóricas: 1. Aliteración 2. Anáfora 3. Antítesis 4. Apóstrofe 5. Asíndeton 6. Elipsis u Omisión 7. Enumeración 8. Epíteto 9. Eufemismo 10. Hipérbole 11. Imágenes 12. Onomatopeya 13. Oxímoron 14. Paradoja 15. Paralelismo 16. Polisíndeton 17. Prosopopeya 18. Reduplicación 19. Sinestesia 20. Tropos	Figuras retóricas: 1. Aliteración 2. Anáfora 3. Antítesis 4. Apóstrofe 5. Asíndeton 6. Circunlocución o Perífrasis 7. Elipsis u Omisión 8. Enumeración 9. Epíteto 10. Eufemismo 11. Gradación 12. Hipérbaton 13. Hipérbole 14. Imágenes 15. Metonimia 16. Onomatopeya

NARRATIVA	Introducción a la	17. Oxímoron
Cuentos:	poesía: verso,	18. Paradoja
• El nacimiento de la col por Rubén Darío	estrofa, poema, rima asonante, rima consonante, sinalefa, encabalgamiento, arte menor, arte mayor, verso blanco, verso libre, verso suelto	19. Paralelismo
		20. Polisíndeton
		21. Prosopopeya
		22. Reduplicación
• Los chicos por Ana María Matute		23. Retruécano
		24. Sinestesia
		25. Tropos
• Apocalipsis por Marco Denevi		Análisis de poesía:
		Encabalgamiento, Pie quebrado, Soneto, Romance, Silva, Redondilla
• Los dos reyes y los dos laberintos por Jorge Luis Borges	Obras sugeridas: POESÍA	
	• Tú me quieres blanca por Alfonsina Storni	
• El valor de una coma por Julio Cortázar		Obras sugeridas: POESÍA
• Un día de estos por Gabriel García Márquez **(Spanish Literature and Culture AP)**	• Tres cosas me tienen preso por Baltasar del Alcázar	• Hay ojos que miran, hay ojos que sueñan por Miguel de Unamuno
	• Era un jardín sonriente... por Serafín y Joaquín Álvarez Quintero	• Setenta balcones y ninguna flor por Fernández Moreno
• Las medias rojas por Emilia Pardo Bazán **(Spanish Literature and Culture AP)**	• Todas las mañanas cuando leo el periódico por Gabriel Celaya	• Ajedrez por Jorge Luis Borges
		• Autorretrato por Rosario Castellanos
• Y no se lo tragó la tierra por Tomás Rivera **(Spanish**	• Millonarios por Juana de Ibarbourou	• Puentes por Pablo Neruda

8

Literature and Culture AP)	NARRATIVA	NARRATIVA
Escritura: Párrafos cortos de comparación imitando la pregunta de comparación texto y arte (aprox. 400 palabras) Preguntas de análisis de un texto	Cuentos: • La niña fea por Ana María Matute • ¿No oyes ladrar los perros? Por Juan Rulfo **(Spanish Literature and Culture AP)** • Borges y yo por Jorge Luis Borges • Instrucciones para dar cuerda al reloj por Julio Cortázar Novela: • Capítulo I de El Ingenioso hidalgo don Quijote de la Mancha por Miguel de Cervantes **(Spanish Literature and Culture AP)** TEATRO • El delantal blanco por Sergio Voldanovic	Cuentos: • La conciencia por Ana María Matute • Continuidad del Parques por Julio Cortázar Novela: • Capítulo II de El Ingenioso hidalgo don Quijote de la Mancha por Miguel de Cervantes **(Spanish Literature and Culture AP)** • Fragmentos del capítulo 3 de La casa de los espíritus por Isabel Allende TEATRO • Bodas de Sangre por Federico García Lorca Escritura: Párrafos cortos de comparación imitando la pregunta de comparación texto

9

Escritura: Párrafos cortos de comparación imitando la pregunta de comparación texto y arte (aprox. 400 palabras) Preguntas de análisis de un texto Ensayos de análisis de un solo texto	y arte (aprox. 400 palabras) Preguntas de análisis de un texto Ensayos de análisis de un solo texto Ensayos de comparación de dos textos Ensayos de poesía

Obras sugeridas organizadas por temas de estudio

Nivel Avanzado
Cuaderno 3
Temas del curso de Lengua y Cultura AP

Tema	Obra sugerida
Ciencia y tecnología	• Puentes por Pablo Neruda
Desafíos mundiales	• Ajedrez por Jorge Luis Borges • Bodas de Sangre por Federico García Lorca
Vida contemporánea	• Puentes por Pablo Neruda • Setenta balcones y ninguna flor por Fernández Moreno • Autorretrato por Rosario Castellanos • La conciencia por Ana María Matute • Continuidad del Parques por Julio Cortázar • Fragmentos del capítulo 3 de La casa de los espíritus por Isabel Allende • Bodas de Sangre por Federico García Lorca

Identidades públicas y privadas	• Autorretrato por Rosario Castellanos • La conciencia por Ana María Matute • Continuidad del Parques por Julio Cortázar • Capítulo II de El Ingenioso hidalgo don Quijote de la Mancha por Miguel de Cervantes • Bodas de Sangre por Federico García Lorca
Familias y comunidades	• Hay ojos que miran, hay ojos que sueñan por Miguel de Unamuno • Setenta balcones y ninguna flor por Fernández Moreno • Autorretrato por Rosario Castellanos • La conciencia por Ana María Matute • Continuidad del Parques por Julio Cortázar • Fragmentos del capítulo 3 de La casa de los espíritus por Isabel Allende • Bodas de Sangre por Federico García Lorca

La belleza y la estética	<ul><li>Hay ojos que miran, hay ojos que sueñan por Miguel de Unamuno</li><li>Setenta balcones y ninguna flor por Fernández Moreno</li><li>Fragmentos del capítulo 3 de La casa de los espíritus por Isabel Allende</li><li>Bodas de Sangre por Federico García Lorca</li></ul>

Nivel Avanzado
Cuaderno 3
Preparación para el estudio de los temas del curso de Literatura y Cultura AP

Tema	Obra sugerida
Sociedades en contacto	• Ajedrez por Jorge Luis Borges • Capítulo II de El Ingenioso hidalgo don Quijote de la Mancha por Miguel de Cervantes • Fragmentos del capítulo 3 de La casa de los espíritus por Isabel Allende • Bodas de Sangre por Federico García Lorca
Relaciones interpersonales	• Hay ojos que miran, hay ojos que sueñan por Miguel de Unamuno • Setenta balcones y ninguna flor por Fernández Moreno • Ajedrez por Jorge Luis Borges • Autorretrato por Rosario Castellanos • La conciencia por Ana María Matute • Continuidad del Parques por Julio Cortázar • Capítulo II de El Ingenioso hidalgo don

	Quijote de la Mancha por Miguel de Cervantes • Fragmentos del capítulo 3 de La casa de los espíritus por Isabel Allende • Bodas de Sangre por Federico García Lorca
Construcción del género	• Autorretrato por Rosario Castellanos • Bodas de Sangre por Federico García Lorca • Continuidad del Parques por Julio Cortázar • Capítulo II de El Ingenioso hidalgo don Quijote de la Mancha por Miguel de Cervantes • Fragmentos del capítulo 3 de La casa de los espíritus por Isabel Allende
El tiempo y el espacio	• Setenta balcones y ninguna flor por Fernández Moreno • Puentes por Pablo Neruda • Ajedrez por Jorge Luis Borges • Autorretrato por Rosario Castellanos • La conciencia por Ana María Matute

	• Continuidad del Parques por Julio Cortázar • Capítulo II de El Ingenioso hidalgo don Quijote de la Mancha por Miguel de Cervantes • Fragmentos del capítulo 3 de La casa de los espíritus por Isabel Allende • Bodas de Sangre por Federico García Lorca
La dualidad del ser	• Hay ojos que miran, hay ojos que sueñan por Miguel de Unamuno • Autorretrato por Rosario Castellanos • Ajedrez por Jorge Luis Borges • La conciencia por Ana María Matute • Continuidad del Parques por Julio Cortázar • Capítulo II de El Ingenioso hidalgo don Quijote de la Mancha por Miguel de Cervantes • Bodas de Sangre por Federico García Lorca

La creación literaria	• Hay ojos que miran, hay ojos que sueñan por Miguel de Unamuno • Setenta balcones y ninguna flor por Fernández Moreno • La conciencia por Ana María Matute • Continuidad del Parques por Julio Cortázar • Capítulo II de El Ingenioso hidalgo don Quijote de la Mancha por Miguel de Cervantes

Nivel Avanzado
Cuaderno 3
Obras y temas del curso de Literatura y Cultura AP

Tema	Obra sugerida
Sociedades en contacto	• "Romance de la pérdida de Alhama" Anónimo • Anónimo, , Lazarillo de Tormes (Prólogo; Tratados 1, 2, 3, 7) • Tomás Rivera, … y no se lo tragó la tierra (dos capítulos: "…y no se lo tragó la tierra" y "La noche buena") • Nancy Morejón, "Mujer negra" • José Martí, "Nuestra América" • Miguel León-Portilla, Visión de los vencidos (dos secciones: "Los presagios, según los informantes de Sahagún" y "Se ha perdido el pueblo mexica") • Nicolás Guillén, "Balada de los dos abuelos" • Osvaldo Dragún, El hombre que se convirtió en perro • Rubén Darío, "A Roosevelt"

Relaciones interpersonales	• Juan Rulfo, "No oyes ladrar los perros" • Emilia Pardo Bazán, "Las medias rojas" • Gabriel García Márquez, "La siesta del martes" • Federico García Lorca, "Prendimiento de Antoñito el Camborio en el camino de Sevilla" • Gustavo Adolfo Bécquer, Rima LIII ("Volverán las oscuras golondrinas")
Construcción del género	• Alfonsina Storni, "Peso ancestral" • Don Juan Manuel, Conde Lucanor, Exemplo XXXV ("De lo que aconteció a un mozo que casó con una mujer muy fuerte y muy brava") • Hernán Cortés, "Segunda carta de relación" • Sor Juana Inés de la Cruz, "Hombres necios que acusáis" • Tirso de Molina, El burlador de Sevilla y convidado de piedra • Federico García Lorca, La casa de Bernarda Alba

El tiempo y el espacio	• Francisco de Quevedo, Salmo XVII ("Miré los muros de la patria mía") • Pablo Neruda, "Walking around" • Rosa Montero, "Como la vida misma" • Antonio Machado, "He andado muchos caminos" • José María Heredia, "En una tempestad" • Garcilaso de la Vega, Soneto XXIII ("En tanto que de rosa y azucena") • Luis de Góngora, Soneto CLXVI ("Mientras por competir con tu cabello")
Dualidad del ser	• Jorge Luis Borges, "Borges y yo" • Julia de Burgos, "A Julia de Burgos" • Jorge Luis Borges, "El Sur" • Julio Cortázar, "La noche boca arriba" • Miguel de Unamuno, San Manuel Bueno, mártir • Sabine Ulibarrí, "Mi caballo mago" • Horacio Quiroga, "El hijo" • Carlos Fuentes, "Chac Mool"

La creación literaria	• Isabel Allende, "Dos palabras" • Miguel de Cervantes, Don Quijote (Primera parte, capítulos 1–5, 8 y 9; Segunda parte, capítulo 74) • Gabriel García Márquez, "El ahogado más hermoso del mundo"

Referencias Generales

Vocabulario útil
Nivel Avanzado

A través de…	by means of…
Abarcar	to embrace, to include
Acertado/a	to be right
Ahogarse	to drown
Amenazar	to threaten
Añadir	to add
Aparecer	to show up, to appear
Asombrarse	to fright, to surprise
Avergonzarse	to feel ashamed
Bucólico/a	pastoral, idyllic
Caprichoso/a	moody, wayward
Carecer	to lack, to be absent
Casarse con	marry to
Crear	to create
Creer	to believe
Culto/a	cultured, refined
Darse cuenta de	to realize
Desafiar	defy
Desarrollar	to develop
Desolado/a	desolated, devastated
Despectivo/a	derogatory, contemptuous
Dichoso/a	happy
Disonante	clashing, dissonant, nonmatching
El tema	theme
El poema	poem
El poeta	poet (male)
El lector	reader
El problema	problem
El día	day
El anhelo	yearning
El llanto	the cry
El dominio	the domain
El alma	soul
El suspiro	sigh, exhalation
El ambiente	environment
El recurso	resource

El poder	power, authority
El pecado	sin
El temor	fear (n)
El engaño	deceit
El desafío	defiance
El suceso	event
El enojo	anger
El agotamiento	exhaustion
Enajenar	discriminate, alienate
Enamorarse de	fall in love with
Engañar a	to deceive
Ensimismado/a	introvert, abstracted
Escaparse	to escape
Exigir	to demand
Falible	likely to be erroneous
Fingir	to pretend
Girar	to revolve
Huir	to flee
Hundirse	to sink
Indispensable	essential, crucial
Inerte	inactive
Insaciable	insatiable, always wanting more
La poetisa	poet (female)
La sumisión	submission
La muerte	death
La naturaleza	nature
La desesperación	desperation
La esperanza	the hope
La desesperanza	despair, hopelessness
La debilidad	weakness, flaw
La tentación	temptation
La vergüenza	shame
La misericordia	mercy, compassion
La carencia	lack, shortage
La epístola	letter, message
La sombra	shadow
La parsimonia	moderation, slowness
La carcajada	laugh
La incertidumbre	uncertainty

La firmeza	firmness
La ternura	tenderness
La dicha	happiness
Lánguido/a	languid, slow, lethargic
Las expectativas	expectations
Laudatorio/a	commendatory
Llorar	to cry
Luchar	to fight
Malévolo/a	evil, malevolent
Parecer	to look like
Pecar	to sin
Perderse	to get lost
Perplejo/a	perplexed
Placentero/a	pleasant, agreeable
Realizar	to accomplish, to achieve
Reanudar	renew, resume
Rendirse	to give up
Resaltar	to highlight
Resignarse	to renounce
Sombrío/a	gloomy
Sospechoso/a	suspicious
Suceder	to happen
Sufrir	to suffer
Suspirar	to breath long and loud
Temblar	to shiver
Temer	to fear
Tenebroso/a	dark, gloomy
Tierno/a	tender, loving
Títere	puppet
Vacilante	hesitant
Vacilar	unsteady

Vocabulario para escribir ensayos

Developing ideas

a lo mejor	perhaps, maybe
de hecho	in fact
mejor dicho	more exactly, rather
quizás, tal vez	maybe, perhaps

To present different aspects of a topic or to make transitions

a su vez	in turn
con relación a	in relation to
de ese modo	that way
conviene indicar/señalar	it is suitable to indicate/point out

To emphasize

lo importante es que	what is important is that
hay que tomar en cuenta que	one must consider that

To add information

además de eso	after all, besides
además (de)	furthermore, besides
a la vez	at the same time
igualmente	likewise
sobre todo	above all

To express cause and effect

como consecuencia	as a consequence
como resultado	as a result
debido a	due to, because of
de manera que	so that
después	subsequently
entonces	so, then
por eso	therefore, thus
por lo tanto	therefore

To express pros and cons

a pesar de todo	the fact remains that
en realidad	in fact
naturalmente	naturally, certainly
por un lado	on the one hand
por el otro lado	on the other hand

To conclude

al final	in the end
a fin de cuentas	after all
al fin y al cabo	in the end
ante/sobre todo	above all
en definitiva	in short, finally
por consiguiente	therefore
por eso	thus, therefore
ya que	since, seeing that

Digan cosas como...

El autor escribe acerca de…

El uso de… hace que el lector (subjuntivo: tenga, vea, sienta) …

El poema produce en el lector una sensación de…

También se puede notar que…

Es posible interpretar … como…

Esta frase incita al lector a pensar que…

Este texto es una clara interpretación de…

El protagonista claramente refleja… (¡cuidado! refleja no es pensar)

El autor logra transmitir…

A partir de esto es posible deducir que…

Real Academia de la Lengua Española (RAE)

La Real Academia de la Lengua Española es una institución que se dedica a la revisión y creación de reglas del idioma español. La RAE en coordinación con las otras 23 academias nacionales tiene el objetivo de mantener la unidad del español en todos los territorios en los que se habla.

La sede principal de la RAE se encuentra en Madrid donde los miembros de la Academia se reúnen alrededor de una mesa redonda en la que discuten el presente y el futuro del idioma español.

Los miembros de la RAE son elegidos de por vida por el resto de los académicos y se les conoce como *Inmortales*. Cada académico tiene un sillón asignado a su persona y distinguido con una letra del alfabeto.

Cada cierto número de años la RAE publica: un diccionario de la lengua española, una gramática de la lengua española y un manual de ortografía de la lengua española. Además de estas publicaciones la RAE mantiene un sitio en la web con un diccionario actualizado y muchas otras fuentes de gran utilidad para las personas interesadas en la historia y evolución del idioma español.

IMPORTANTE:
En este programa todas las dudas relacionadas con el significado y el uso de la lengua serán resueltas con la información proveída por la RAE (http://www.rae.es).

Contenido Técnico

IMPORTANTE:

El objetivo de todo análisis literario es dar una descripción fundamentada de la opinión del lector.

No se trata de hacer una lista de recursos retóricos o de simplemente identificar todos los elementos literarios presentes en el texto. Se trata de leer un texto y expresar una opinión clara y profunda del mismo.

La claridad de tu análisis dependerá del uso del vocabulario acertado y la profundidad resultará de las conexiones que hagas entre los elementos presentes en el texto. En otras palabras, es tu opinión personal de la obra demostrada con terminología y ejemplos precisos.

Géneros literarios

1-. LÍRICA O POESÍA

Género literario muy amplio en el que pueden incluirse textos variados, predominando los que normalmente llamamos poemas.

Las características más destacadas de la lírica son:

- Escritura en verso (también hay prosa lírica).
- El sentimiento del poeta: su intimidad, sus gustos, sus afectos, sus emociones y el deseo de expresarlos.
- Lenguaje repetitivo, tanto en el plano sonoro como morfosintáctico y semántico.

2-. LA NARRATIVA (Novela y Cuento)

Obra literaria en prosa en la que se narra una acción fingida en todo o en parte cuyo fin es causar placer estético a los lectores con la descripción de sucesos (eventos), caracteres, pasiones y costumbres. Son parte de este género El Cuento y La Novela.

3-. EL TEATRO O DRAMA

Género literario al que pertenecen las obras destinadas a la representación escénica, cuyo argumento se desarrolla de modo exclusivo mediante la acción y el diálogo.

5-. EL ENSAYO

Escrito en el cual un autor desarrolla sus ideas en forma clara y ordenada.

6-. LA LITERATURA EPISTOLAR

Género literario que se concentra en el estudio de cartas de relación o correspondencia entre el escritor y el destinatario.

7-. LA NOVELA PICARESCA

Género narrativo en prosa característico de la literatura española en el que el que el pícaro, o personaje de poco honor, se ve forzado a recurrir a artimañas, o acciones de poca virtud, para sobrevivir.

Elementos del Análisis Literario

1. **La Trama o El Argumento:**
   La historia que se cuenta.

   Ejemplo: Trama o Argumento de Blancanieves y los Siete Enanitos:

   Blancanieves cuenta la historia de una bella princesa que huye de su malvada madrastra y encuentra protección en un bosque misterioso en el que encuentra lo que tanto ansiaba.

2. **El tema:**
   Idea central del texto.
   IMPORTANTE: El tema de una obra dada siempre es un sustantivo o una frase nominal.
   Ejemplos:
   El amor
   La alegría de vivir
   Los conflictos de los seres humanos

3. **El ambiente o El espacio:**
   Descripción del lugar físico en el que se desarrolla la acción.
   RECUERDA: Es una descripción, de manera que debe abundar en adjetivos.

4. **Los personajes:**
   Protagonista:
   Personaje principal.

   Secundario:
   Personaje cuyo conflicto no es el centro de la obra.

   Referencial:
   Personaje que no aparece en la obra como tal, pero que es mencionado por el narrador u otros personajes.

5. **El tratamiento o manejo del tiempo:**
   Cronológico:
   Secuencia ordenada de los hechos. Puede ser en forma ascendente (pasado, presente, futuro) o descendente (presente, pasado) siempre y cuando sea ordenada.

   No Cronológico o A Saltos:
   Presentación de los hechos de manera no ordenada.

   Circular:
   Narración de uno o más hechos de manera que el final de la obra es a su vez el principio de la misma.

6. **El tipo de narrador:**
   Protagonista:
   Primera persona.

   Testigo:
   Tercera persona que sólo presencia u observa la acción.

   Omnisciente:
   Tercera persona que todo lo sabe.

7. **El estilo:**
   Es la forma en que está escrito un texto: las palabras que utiliza y cómo se combinan, las figuras literarias, la construcción de las frases (cortas o largas), etc. Es decir: los elementos anteriormente destacados y su efecto en el lector.

Técnicas Literarias

1. El Realismo Mágico:
Técnica propia del Boom Literario Latinoamericano caracterizada por la inclusión de un elemento mágico aceptado con naturalidad en un entorno real. Además de la inclusión de dicho elemento los textos mágico-realistas tienden a incluir: simbolismo; crítica social, política, religiosa y/o económica; humor; elementos grotescos; tiempo circular o a saltos; verosimilitud; intertextualidad y metatextos.

2. La Intertextualidad:
Podríamos decir que los textos se comunican entre sí, casi independientemente de sus usuarios. Es lo que se ha llamado intertextualidad. Una palabra evoca otra palabra, un personaje evoca a otro personaje. Se trata entonces de cualquier tipo de conexión dinámica entre un texto y su autor, el lector u otro texto.

3. La Metaficción o Metatexto:
Del griego metá 'entre', 'junto a', 'más allá de', y texto. Se trata de un texto dentro de otro. Un metatexto puede ser un discurso crítico, una opinión o explicación del autor, un cuento dentro de otro cuento, un poema dentro de un texto narrativo, etc. Se podrá identificar como metatexto siempre y cuando la narración salte a otro texto para aclarar o expandir el texto original.

4. La Polifonía o Multiplicidad de Voces:
Se refiere a la inclusión de diferentes voces en un texto. Más de un narrador, diálogos, etc.

5. La Verosimilitud
Similar a la verdad. Se trata de una técnica de manipulación por parte del escritor en la que se mezclan elementos de ficción con la realidad de manera que se hace difícil diferenciar uno de otro asumiendo que todo es verdad.

Figuras Literarias o Recursos Retóricos
Nivel Avanzado

Las figuras literarias o recursos retóricos son los elementos expresivos por medio de los cuales se trata de comunicar una idea con mayor exactitud.
Las figuras literarias van más allá de las palabras, es la forma en que se combinan y el efecto de esta combinación en la percepción del lector.

1. **La imagen:**

   Olfativa (perfume, aroma, olor, hedor, etc.)
   Ejemplo:
   El olor del pan
   El aroma del café

   Gustativa (ácido, dulce, salado, picante, amargo, etc.)
   Ejemplo:
   Fruta dulce
   Sopa picante

   Visual (IMPORTANTE: solo son colores o tonos de colores. Ej. azul, claro, transparente, etc.
   Ejemplo:
   Casa blanca
   Techos rojos
   Agua clara

   Táctil (áspero, suave, duro, afilado, etc.)
   Ejemplo:
   Tela suave
   Manos ásperas

   Auditiva (agudo, bajo, estridente, etc.)
   Ejemplo:
   En voz baja
   Gritos estridentes

2. La Humanización, La Personificación o La Prosopopeya:

Figura literaria en la que se le atribuye características vivas a un objeto inanimado. Humanización y Personificación son exactamente lo mismo. La Prosopopeya incluye características humanas y animales.

En conclusión: Todas las prosopopeyas son humanizaciones o personificaciones, pero las humanizaciones o personificaciones no siempre son prosopopeyas.

Ejemplo:
La luna abrazó la noche.
Esa mañana la naturaleza habló.
El ladrido del hombre furioso asustó a todos los allí presentes.

3. La Hipérbole:

Consiste en exagerar las cualidades o defectos de un ser, ya sea engrandeciéndolo o empequeñeciéndolo.

Ejemplo:
"Érase un hombre a una nariz pegado,
érase una nariz superlativa,
érase una nariz sayón y escriba,
érase un peje espada muy barbado."

Del soneto "A un hombre de gran nariz"
por Francisco de Quevedo

4. La Onomatopeya:

Consiste en imitar, a través de las palabras, los sonidos de la naturaleza.

Ejemplo:
El maullar de los gatos
El tictac del reloj

5. Los Tropos:

- ### La Comparación o El Símil:
  Figura literaria que establece una similitud entre dos cosas usando palabras como: similar a…, semejante a…, como…, parece…, etc.

  Ejemplo:
  Sus dientes son como perlas.
  Las estrellas semejan diamantes en la noche.
  Tus ojos parecen esmeraldas.

- ### El Tropo propiamente dicho:
  Figura literaria que establece una similitud entre dos cosas **sin** usar palabras como: similar a, semejante a, como, parece, etc.

  Ejemplo:
  Tus dientes son perlas.
  Las estrellas son diamantes en la noche.
  Tus ojos de esmeraldas

- ### La Metáfora:
  Es una comparación implícita que se entiende incluida en otra cosa sin expresarla. En la metáfora el elemento descrito no está presente.

  Ejemplo:
  Las perlas de su boca (no menciona la palabra "dientes").
  Los diamantes de la noche (no dice que son estrellas).
  Las esmeraldas en tu cara (no dice "ojos").

- ### El Símbolo:
  Figura retórica que consiste utilizar un objeto real para referirse a algo espiritual o imaginario o simplemente para evocar otra realidad.
  IMPORTANTE: el símbolo representa un contenido más universal o extendido que la metáfora.

Ejemplo:
"La luna deja un cuchillo
abandonado en el aire,
que siendo acecho de plomo
quiere ser dolor de sangre.
¡Dejadme entrar! ¡Vengo helada
por paredes y cristales!
¡Abrid tejados y pechos
donde pueda calentarme!"

De la obra Bodas de Sangre por Federico
García Lorca (En este texto y en toda la
obra de García Lorca la luna y el frío son
símbolos de muerte).

- **La Sinestesia**
  figura retórica que consiste en mezclar
  sensaciones de sentidos distintos (audición, visión,
  gusto, olfato, tacto) o mezclar dichas sensaciones
  con sentimientos (tristeza, alegría, etc.)

  Ejemplo:
  Dulce victoria
  Ojos fríos
  Canción amarga

6. **La Aliteración:**
Repetición del mismo sonido o letra.
IMPORTANTE: esta repetición no debe ser producto
de la casualidad, debe tener un sentido semántico
relacionado con el texto.

Ejemplo:
"El ruido con que rueda la ronca tempestad" (/rr/ imita
el sonido de la tormenta).

Del poema "La tempestad" por José Zorrilla

7. La Enumeración:
Constituye una serie o lista de elementos que constituyen un todo.

Ejemplo:
"Era mentiroso, bebido, ladrón y mesturero,
tahúr, peleador, goloso, refertero,
reñidor e adivino, sucio y agorero,
necio y perezoso: tal es mi escudero."

Del Libro de Buen Amor por Juan Ruiz

8. El Paralelismo:
Repetición de la estructura sintáctica de un texto.

Ejemplo:
"Por una mirada un mundo
Por una sonrisa un cielo"

Por Gustavo Adolfo Bécquer

9. El Polisíndeton:
Repetición excesiva de conjunciones (y, o, e, u, ni)

Ejemplo:
...después no puedes hacer nada
ni dar cuerda al reloj,
ni despeinarte,
ni ordenar los papeles

Por Gloria Fuertes

Hay un palacio **y** un río **y** un lago **y** un puente viejo,
y fuentes con musgo **y** hierba alta **y** silencio... un silencio.

Por Juan Ramón Jiménez

10. El Asíndeton:
Omisión de la conjunción para intensificar el mensaje.

Ejemplo:
"Hombre es más que blanco, más que mulato, más que negro."

De Mi raza por José Martí

"Acude, corre, vuela,
traspasa la alta sierra, ocupa el llano,
no perdones la espuela,
no des paz a la mano,
menea fulminando el hierro insano."

De Profecía del Tajo por Fray Ruiz de León

11. La Anáfora:
Es la repetición vertical de una o más palabras al inicio de los versos de un poema.

Ejemplo:
¡Manos que sois de la vida,
manos que sois del ensueño;
manos que me disteis gloria
manos que me disteis miedo!

Del poema "Para tus manos" por Delmira Agustini

12. La Reduplicación:
La Reduplicación es una figura retórica que consiste en la repetición de las mismas palabras en la misma frase o verso.

Ejemplo:
Leer, leer, leer, vivir la vida

Por Miguel de Unamuno

Rosas, rosas, rosas, a mis dedos crecen

Por Juana de Ibarbourou

13. La Antítesis:
Consiste en usar dos elementos contrastantes pero posibles.

Ejemplo:
Yo te amo, tú me odias.
El día es claro y la noche es oscura.

14. La Paradoja:
Consiste en usar dos elementos contrastantes e imposibles.

Ejemplos:
Al avaro, las riquezas lo hacen más pobre.
Seamos realistas, pidamos lo imposible.

15. El Oxímoron:
Es una paradoja concentrada en dos palabras.

Ejemplos:
Clara oscuridad
Dulce amargura.

16. La Elipsis u La Omisión:
Ausencia de elementos en la oración que se
sobreentienden por el contexto.

Ejemplo:
Yo llevaba las flores y ellos pastel (*se omite el verbo
llevar*).

17. El Apóstrofe:
Consiste en dirigir el discurso a algo o alguien
específico.

Ejemplo:
"Olas gigantes que os rompéis bramando"

Por Gustavo Adolfo Bécquer

18. El Epíteto:
Adjetivo innecesario para el significado que agrega alguna característica obvia del sustantivo.

Ejemplo:
Nieve blanca
Sangre roja

19. Eufemismo:
Palabra menos ofensiva que sustituye a una más fuerte.

Ejemplo:
No vidente (ciego)
Pasar a mejor vida (morir)

20. El Hipérbaton, La Inversión o La Transposición:
Es una figura retórica que consiste en alterar el orden lógico de las palabras de una oración:

Ejemplo:
"Volverán las golondrinas en tu balcón sus nidos a colgar" → Lo lógico sería: "Las golondrinas volverán a colgar sus nidos en tu balcón".

De Rima LIII por Gustavo Adolfo Bécquer

21. La Circunlocución o Perífrasis:
El uso de más palabras de las necesarias.

Ejemplo:
El rey de la selva (el león)
La ciudad de las luces (Paris)

22. La Gradación:
Es una enumeración ordenada en forma ascendente o descendente.

Ejemplo:
Y la tierra se convirtió en humo. Y el humo en polvo.
Luego vino la sombra y luego la nada.

Por Luis de Argote y Góngora

23. El Retruécano:
Repetición de una frase en sentido inverso.

Ejemplo:
Se debe trabajar para vivir, no vivir para trabajar.

24. La Metonimia:
Consiste en llamar una cosa o idea con el nombre de otra
con la que existe una relación de dependencia o
causalidad.

Ejemplo:
Juró lealtad a <u>la bandera</u> (a la nación y todo lo que
significa)
Trabaja para conseguir <u>el pan</u> de cada día (la comida
necesaria para alimentarse)

25. Encabalgamiento:
Figura literaria que consiste en no terminar las frases al
final del verso sino en el siguiente (van "a caballo" entre
dos versos).

Ejemplo:
Una tarde parda y fría
de invierno. Los colegiales
estudian. Monotonía
de la lluvia en los cristales.

Por Antonio Machado

Introducción al análisis de poesía

¿Poesía o poema?
La palabra "poesía" se refiere a la disciplina, al género literario... mientras que la palabra "poema" se refiere a la obra poética en particular, al texto poético.

Estructura de un poema
Las líneas en un poema se llaman versos. Un conjunto de versos, un párrafo en prosa, se llama estrofa.
Verso = verse
Estrofa - stanza

TIPOS DE POESÍA

- **Lírica**: poesía en la que el poeta expresa sus sentimientos.
- **Épica**: poesía en la que el poeta cuenta hechos o hazañas.
- **Dramática**: poesía en la que el poeta desaparece detrás de los personajes que representan el drama.

Elementos de un poema

1-. El ritmo
Es la distribución de los acentos de un poema.

2-. La medida
Es el número de sílabas métricas que tiene cada verso.
Según el número de sílabas métricas que tienen, los
versos se clasifican en:
- Versos de arte menor: de dos a ocho sílabas
- Versos de arte mayor: nueve o más sílabas

Ejemplo de versos de arte menor:
Verde que te quiero verde.
Verde viento. Verde rama.
Verde carne. Pelo verde
con ojos de fría plata…

De "Romance sonámbulo" por Federico García Lorca

Ejemplo de versos de arte mayor:
Me gustas cuando callas porque estás como ausente,
y me oyes desde lejos, y mi voz no te toca.
Parece que los ojos se te hubieran volado
y parece que un beso te cerrara la boca.

De Poema XV por Pablo Neruda

Pie quebrado

Pie quebrado:
Se trata de estrofas o poemas en los que se mezclan
versos de arte menor con versos de arte mayos.

Las licencias métricas

La ley del acento final:
- Cuando un verso termina en una palabra monosilábica o una palabra aguda, se le suma una sílaba métrica.
- Cuando un verso termina en una palabra esdrújula, se le quita una sílaba métrica.
- Cuando un verso termina en una palabra llana, se deja igual.

La sinalefa:
Es la unión de sílabas ortográficas pertenecientes a palabras diferentes.

Ejemplo:

> Me porté como quién soy.
> Como un gitano legítimo.
> Le regalé un costurero
> grande, de raso pajizo,
> y no quise enamorarme
> porque teniendo marido
> me dijo que era mozuela
> cuando la llevaba al río.

Por Federico García Lorca

Las pausas:
- La pausa al final de cada verso es obligatoria y se llama PAUSA MÉTRICA.
- La pausa interna que se produce en los versos de arte mayor, se llama CENSURA. La censura divide los versos en dos partes, cada una de ellas recibe el nombre de HEMISTIQUIO. Para contar las sílabas es importante tomar en cuenta la censura o pausa interna, porque se suele aplicar la ley del acento final en cada hemistiquio.

3-. La rima
Rima consonante (consonantes y vocales):
Hay rima consonante cuando los sonidos finales de los versos son iguales a partir de la última vocal acentuada.

Ejemplo:
- «Calla, calla, princesa -dice el hada madrina-;
en caballo, con alas, hacia acá se encamina,
en el cinto la espada y en la mano el azor,
el feliz caballero que te adora sin verte,
y que llega de lejos, vencedor de la Muerte,
a encenderte los labios con un beso de amor».

Por Rubén Darío

Rima asonante (solo vocales):
Hay rima asonante cuando a partir de la última vocal acentuada sólo las vocales son iguales.

Ejemplo:
Princesa enamorada y mal correspondida.
Clavel rojo en un valle profundo y desolado.
La tumba que te guarda rezuma tu tristeza
a través de los ojos que ha abierto sobre el mármol.

Por Federico García Lorca

Tipos de estrofas

- **Romance:**
Composición lírica de origen español. Consiste en una serie indefinida de versos generalmente octosílabos (8) con rima asonante en los versos pares (2, 4, 6…) y los impares (1, 3, 5…) sueltos.

- **Silva:**
Serie de versos endecasílabos (11) y heptasílabos (7) sin esquema fijo de rima; algunos pueden ir sueltos.

- **Redondilla:**
Cuatro versos de arte menor (1-8) que riman en consonante, el primero con el cuarto y el segundo con el tercero: 8A, 8B, 8B, 8A.

Combinaciones de estrofas

- **Soneto:**
Composición poética de catorce versos, por lo general de rima consonante, que se distribuyen en dos cuartetos y dos tercetos.
Los versos en el soneto clásico suelen ser de arte mayor, normalmente endecasílabos (compuestos por once sílabas).
La estructura del soneto es de cuatro estrofas, siendo las dos primeras, cuartetos y las dos últimas, tercetos.
La rima en los cuartetos funciona de la siguiente manera: ABBA ABBA, es decir, armoniza el primer verso con el cuarto y el segundo con el tercero.

¿Qué escribir en un ensayo de poesía?

Introducción:
El tema (usualmente propuesto en la pregunta). El título del poema, el nombre del poeta, la clase de poesía (lírica, heroica, religiosa, etc.), la forma (estrofas, tipo de verso, número de sílabas) y la rima (consonante o asonante).

Cuerpo:
Mencionar y explicar las conexiones entre los recursos literarios, el tema propuesto, el mensaje del poema y el tono.

Conclusión:
Reacción personal (sin usar "YO")
Debes incluir:
- 2 ideas principales
- mínimo 3 ejemplos que ilustren tus ideas
- mínimo 7 elementos técnicos (tipo de poema, tipo de verso, tipo de rima, figuras literarias y/o palabras que demuestren tu conocimiento literario).

Actividades

Las siguientes son una serie de actividades diseñadas para el desarrollo de destrezas de recepción y producción oral y escrita.

Estas actividades podrán implementarse con cualquiera de los textos recomendados. Igualmente, estas actividades pueden ser usadas con otros textos que no sean parte de este programa.

Se recomienda repetir las actividades con textos diferentes varias veces durante el año escolar de manera de apreciar claramente el avance en las destrezas desarrolladas.

Actividad 1
(Investigación)
INSTRUCCIONES:
PARTE A (EN PAREJAS O EN GRUPO)
Investiguen todo lo que puedan sobre el escritor escogido por su profesor; vean videos y lean información sobre su vida y su obra en internet. Cada persona debe leer/ver algo diferente. Luego de 20 minutos de investigación, compartan y comparen la información que encontraron.

PARTE B. INDIVIDUAL:
1. Terminados los 20 minutos, imaginen que son reporteros y van a entrevistar al escritor asignado. Discutan y escriban las preguntas que le harían y lo que ustedes creen que el escritor respondería.
2. Creen un video de la entrevista en el que uno de ustedes hará el papel del escritor y el otro el del reportero/entrevistador. El video debe tener una duración aproximada de tres (3) minutos.

Actividad 2
(Aumento de vocabulario)
INSTRUCCIONES:

1-. Lee el texto y haz una lista con diez (10) palabras que no conozcas.

2-. Busca cada una de las palabras de la lista que hiciste en el diccionario de La Real Academia de la Lengua Española (http://www.rae.es/rae.html) y copia la definición apropiada para el contexto.

3-. Finalmente, re-escribe la oración original del libro substituyendo la palabra que no conocías por un sinónimo o una frase que signifique lo mismo.

> Ejemplo:
> Palabra: *acarrear*
> Definición del diccionario de la Real
> Academia: 2. tr. Transportar de cualquier manera.
> Oración: " **Acarrear** agua es uno de los trabajos más pesados en esas comunidades y a menudo son las mujeres y las niñas quienes lo hacen".

Actividad 3
(Comprensión)
INSTRUCCIONES:

1. Después de leer el texto, piensa en los seis eventos más importantes de la trama.
2. Haz un dibujo para cada evento de manera que recuentes la historia con ilustraciones **sin usar palabras.**

IMPORTANTE:
- Es individual
- No vas a ser evaluado por tus talentos artísticos

Actividad 4
(Análisis)
INSTRUCCIONES:
Crea un diagrama de Venn sobre lo que te gusta y no te gusta de uno de los personajes del texto que leíste. En tu diagrama debes incluir la razón en la que basas tu opinión y referencias a eventos específicos del texto.

Actividad 5
(Análisis)
INSTRUCCIONES:
Dibuja el espacio donde ocurre la acción de lo ocurrido en el texto que leíste e incluye frases o fragmentos del texto que te hayan llevado a imaginar el espacio de esa manera.

Actividad 6
(Síntesis)
INSTRUCCIONES:
Usando como guía el documento: Cómo escribir un resumen, escribe un resumen de **máximo** trescientas cincuenta (350) palabras sobre el texto que leíste.

¿Cómo escribir un resumen?

Tu resumen debe tener mínimo tres párrafos.

PRIMER PÁRRAFO:
Debes decir:
* Cómo se llama el libro que estás leyendo
* Quién escribió el libro
* Cuántas páginas leíste o desde qué página a qué página leíste

Si los números son menores que 100 tienes que escribirlos en letras, si son iguales o mayores que 100 los puedes escribir en números.

SEGUNDO PÁRRAFO:
* En esta sección vas a hablar de lo que leíste. Concretamente qué pasó, pero en tus palabras. No puedes copiar párrafos del libro.
Puedes empezar con algo como:
La sección que leí cuenta cómo…
En esta parte del libro….

TERCER PÁRRAFO:
* En esta parte vas a incluir tu opinión del libro o de lo que pasó y tus suposiciones para el futuro.
Puedes decir algo como:
En mi opinión…
Creo que…
Pareciera que…
Es posible que… (subjuntivo)
Me gustaría que… (subjuntivo)

Algunas palabras que puedes usar:

Al principio	At the beginning
Al día siguiente	The next day
Luego	Later
Entonces	So, then
En seguida	Right away
De repente	All of a sudden
No obstante	Nevertheless
Sin embargo	Nevertheless
Por consiguiente	Consequently

Por eso	That's why
Por lo tanto	Consequently
Al final	In the end
Por último	Lastly
Así fue que	So that's how
De hecho	In fact, actually
De todos modos	Anyway
Después de todo	After all
En cambio	Rather
En realidad	In reality
Darse cuenta de...	To realize

Actividad 7
(Síntesis y Cambio de perspectiva)
INSTRUCCIONES:
Crea una tabla de tiempo (*timeline*) con los eventos más relevantes del texto que leíste.
Luego escoge uno de los eventos presentados y crea un monólogo para uno de los personajes. Incluye lo que piensa y/o siente este personaje en ese momento. Debes escribir mínimo 200 palabras.

Actividad 8
(Producción oral)
INSTRUCCIONES:
Luego de haber leído el texto, crea un comentario grabado sobre el texto. En tu comentario debes incluir:
- ¿De qué trata la obra?

- ¿Cómo son los personajes y o el espacio?
- ¿Cómo describirías la forma como está escrita la obra?
- ¿Qué fue lo que más/menos te gustó y por qué?

Recuerda que no debes leer, debe ser una grabación espontánea y natural.

NOTA PARA EL PROFESOR: se recomienda pedirles a los estudiantes que creen un video en lugar de un archivo de audio (flipgrid.com es una excelente opción) de manera de poder garantizar que los estudiantes no lean.
Si el profesor así lo prefiere, puede darle a cada estudiante un post-it y pedirles que escriban diez palabras aisladas que los puedan ayudar en su presentación. El estudiante deberá mostrar su post-it al inicio de su video.

Actividad 9
(Esculturas humanas: Comprensión, Análisis y Creatividad)
INSTRUCCIONES:

1. Luego de que toda la clase haya leído y discutido el texto, formen grupos de máximo 6 personas y diseñen una escultura humana que describa la esencia del texto leído. No se trata de representar una escena, sino de crear una estatua que englobe la trama de la manera más completa posible incluyendo interpretaciones y emociones. Esta parte tomará aproximadamente 10 o 15 minutos.
2. Pasados los 15 minutos, cada grupo tendrá 1 minuto para posar sin dar ningún tipo de explicación de por qué se colocaron en esa forma. Serán los integrantes de los otros grupos los que tomarán turnos para decir lo que ven y elucubrar sobre lo que pueda representar.
3. (OPCIONAL) Después de haber escuchado las interpretaciones de los otros grupos, el grupo que hizo la escultura humana podrá añadir su explicación.

NOTA PARA EL PROFESOR: La parte número 3 de esta actividad es opcional. En la mayoría de los casos las interpretaciones de la audiencia (los integrantes de los otros grupos) son tan acertadas o hasta más completas que las intenciones o explicaciones del grupo que hizo la escultura.

Actividad 10
(Análisis literario)
INSTRUCCIONES:
Luego de leer el texto, identifica los recursos retóricos presentes y escribe un párrafo bien organizado describiendo la forma cómo está escrito el texto (vocabulario, estructura de las frases y oraciones y figuras literarias). ¡Cuidado! Tu párrafo no debe ser una lista de recursos sino una descripción personal del estilo usado por el escritor, es decir el efecto que crean en el lector las palabras o combinaciones de palabras escogidas por el autor.

Actividad 11
(Escritura: Comparación texto y arte)
INSTRUCCIONES:
PARTE A: OBSERVACIÓN Y DISCUSIÓN (EN GRUPOS)
Miren atentamente la foto escogida por su profesor.
Nota para el profesor: todas las imágenes para esta actividad se encuentran en nuestro portal digital Schoology: Literatura 1-2-3.
Trabajando en grupos de máximo 6 personas, tomen turnos para observar la foto y completar las frases siguientes:
Veo...
(sean objetivos y digan todo lo que ven por muy trivial y obvio que sea.)

Me pregunto si…
(atrévanse a elucubrar y decir cosas que vayan más allá
de lo objetivo)

Traten de describir el tono, el significado, el simbolismo de
los colores y los temas presentes.

PARTE B. ESCRITURA (INDIVIDUAL)
Después de haber descrito la foto, lean el texto asignado
por su profesor y establezcan similitudes y diferencias
entre las dos obras.
Individualmente, escribe un párrafo bien organizado en el
que compares y contrastes la foto con el texto leído.
En tu párrafo debes:
- Incluir referencias textuales
- Usar el vocabulario más técnico posible (autor,
  lector, línea, verso, estrofa, narrador, tema, figuras
  retóricas, etc.).

Actividad 12
(Actividad de colaboración)
(Análisis literario Cuadernos 2 y 3)
INSTRUCCIONES:
Después de leer el texto asignado por tu profesor discutan
y respondan las preguntas siguientes.
1. Tres cosas que nos han llamado la atención después
   de leer esta obra son:
2. ¿Para qué clase de personas es útil la lectura
   (reading) de esta obra y por qué?
3. Algunas ideas presentes en esta obra con las que NO
   estamos de acuerdo son:
4. Dos cosas de esta obra que no entendemos bien son:
5. La obra (escribe algo positivo) …
6. Después de leer y discutir esta obra, ¿Qué
   aprendieron o qué ven ahora de manera diferente?
   (mencionen mínimo una cosa).

Actividad 13
(Análisis literario Cuadernos 2 y 3)
INSTRUCCIONES:
Re-escribe el texto completo o un fragmento del mismo en un género diferente. Por ejemplo, si leíste un poema, escribe un drama teatral o un cuento. Si leíste un cuento o un fragmento de una novela escribe un poema.

Actividad 14
INSTRUCCIONES:
1. Luego de leer y discutir el texto escogido, formen un círculo con toda la clase y tomen turnos para terminar las frases siguientes:

Antes yo creía que...
Ahora sé que...

2. Formen grupos más pequeños (máximo 6 personas) y comenten qué más les gustaría saber. Algunas opciones pueden ser pero no están limitadas a: ¿Qué pasó después del final que se cuenta? ¿Hay algo que no está resuelto en el texto que leímos? ¿Cómo continuaría esta historia 20 años después? ¿Qué habría pasado si...), etc.
3. Ahora, escriban un cuento, un monólogo, un poema, o un drama teatral que responda alguna de las preguntas del número 2.

Actividad 15
(Escritura: Ensayo de análisis de un solo texto)
(Análisis literario Cuadernos 2 y 3)

INSTRUCCIONES:

Después de haber leído y discutido el texto escogido por tu profesor, escribe un ensayo bien organizado (con introducción, cuerpo y conclusión) en el que analices uno de los temas siguientes:

- Las sociedades en contacto
- Las relaciones interpersonales
- El tiempo y el espacio
- La condición del género (diferencias en los roles sociales de hombres y mujeres)
- La dualidad del ser
- La creación literaria

Recuerda:
- Debes incluir el nombre del autor y el momento histórico (la época cuando se escribió).
- Nunca empieces un párrafo con un ejemplo.
- No cuentes la historia; analízala y/o coméntala.
- No uses YO.
- Escribe en la forma más técnica y elegante posible.
- Incluye mínimo 3 ejemplos o referencias precisas de la obra del autor que demuestren que lo que dices es cierto.
- Incluye más de 7 palabras técnicas que demuestren que sabes de literatura (figuras y/o técnicas literarias, términos específicos, etc.)

Apéndice

Lecturas recomendadas

La siguiente es una lista de los libros en español recomendados en caso de querer practicar más. Esta lista no es más que una sugerencia y de ninguna manera debe ser vista como la única fuente de material de lectura. Lo importante es brindar a nuestros estudiantes los recursos necesarios para desarrollar las destrezas de comprensión lectora que necesitarán el futuro.

Martín, Esteban
La corona de Alejandro
Barcelona Edebé 2015 190 p.

Fuentes, Carlos.
Federico en su balcón
México, D.F. Alfaguara, 2012 296 p.

Trujillo Sanz, Fernando
El secreto del tío Óscar
Charleston, S.C. 2011 c2010 173 p.

Fernández-Vidal, Sonia
La puerta de los tres cerrojos
Barcelona La Galera 2011 201 p.

Korman, Gordon traducción, Zintia Costas Domínguez
Una nota falsa
Barcelona Editorial Planeta 2011 172 p.

Benedetti, Mario
La muerte y otras sorpresas
Torrelaguna, Madrid Universidad de Salamanca y Santillana, S.A., 2010 88 p.

Benedetti, Mario
Vivir adrede
Madrid Punto de lectura, 2009. 236 p.

Choldenko, Gennifer
Al Capone me lava la ropa
Alfaguara Infantil, 2008. 229 p.

Ruiz Zafón, Carlos
El príncipe de la niebla
New York Rayo Planeta, 2008 230 p.

Barron, Sandra traducido del inglés por Patricia
Torres
La heredera del mar
New York, NY Rayo, 2008, 333 p.

Murray, Yxta Maya traducción por Gema Moral
Bartolomé
La reina jade
New York Rayo, 2008 381 p.

Gallego García, Laura,
Dos velas para el diablo
Boadilla del Monte, Madrid Ediciones SM, c2008
414 p.

Bambaren, Sergio.
El delfín: historia de un soñador traducción
Guillermo Sabanes
México, D.F. Editorial Diana, 2008 91 p.

Laforet, Carmen.
Nada: una novela
New York Modern Library, 2008 214 p.

Ende, Michael traducción de Susana Constante,
ilustraciones del autor. Momo o la extraña historia
de los ladrones del tiempo y de la niña que
devolvió el tiempo a los hombres
México, D. F. Alfaguara, 2008 274 p.

Sierra i Fabra, Jordi,
El asesinato de la profesora de lengua
Madrid Anaya,2007 165 p.

Miquel López, Lourdes
La llamada de La Habana
Upper Saddle River, Barcelona Difusión, Prentice
Hall 2007 46 p.

Ruiz Zafón, Carlos
Marina
Barcelona Edebé, 2007 286 p.

Oya Martínez, Milagros
Fuga de Proteo
Barcelona Bambú Editorial 2007 276 p.

Gallego García, Laura,
La emperatriz de los etéreos
Madrid Alfaguara, 2007 305 p.

Alvarez, Julia traducido por Liliana Valenzuela
En busca de milagros
New York Laurel-Leaf Books, 2006, c2004 216 p.

Benedetti, Mario
El porvenir de mi pasado
Madrid Punto de lectura c2006 217 p.

Ruiz Zafón, Carlos
El palacio de la medianoche
New York, NY Rayo Planeta, 2006 340 p.

Padura, Leonardo.
Adiós, Hemingway
Barcelona Tusquets Editores, 2006 190 p.

Garcia-Aguilera, Carolina traducida por Helena
Uribe de Lemoine
Secretos sangrientos: un libro de misterio de Lupe
Solano
Miami, FL Planeta Publishing, 2005 375 p.

Miquel López, Lourdes
Vacaciones al sol. Barcelona Prentice Hall
Difusión, Centro de Investigación y Publicaciones
de Idiomas, 2004 47 p.

Gallego García, Laura,
La leyenda del Rey Errante
Madrid Ediciones SM, 2004 215 p.

Miquel, Lourdes
Una nota falsa
Barcelona Difusión, 2003 45 p.

Saramago, José traducción de Pilar del Río;
ilustraciones de Manuel Estrada
El cuento de la isla desconocida
Madrid Punto de lectura, 2002 73 p.

Garcia-Aguilera, Carolina
Aguas sangrientas
Miama, FL Planeta Pub., c2002 311 p.

Vázquez-Vigo, Carmen
Caja de secretos
Madrid Ediciones SM, 2001 103 p.

Latorre, José María
La incógnita del volcán
Barcelona Edebé 2000 234 p.

Rivera, Tomás
Y no se lo tragó la tierra
Houston, TX Piñata Books,1996 115 p.

Skármeta, Antonio.
El cartero de Neruda
Barcelona Plaza & Janés,1995 139 p.

Carrero, Luis María
El secreto de Cristóbal Colón
Santillana Universidad de Salamanca,1994 64 p.

Cisneros, Sandra traducido por Elena
Poniatowska
La casa en Mango Street
New York Vintage Books 1994 xiv, 112 p.

Coelho, Paulo
El alquimista
Harper San Francisco,1994 190 p.

Peña Muñoz, Manuel
El collar de perlas negras. Santiago de Chile
Editorial Universitaria,1994 75 p.

Díaz, Gloria Cecilia
El valle de los cocuyos
Madrid Ediciones SM,1993 123 p.

Perera, Hilda
La jaula del unicornio
Barcelona Noguer,1991, c1990 102 p.

Miquel López, Lourdes
Por amor al arte
Upper Saddle River, NJ. Prentice Hall,1991 67 p.

Villars, Janine
Las llaves de Granada
Spain Ediciones Martínez 1991 219 p.

López Narváez, Concha
El amigo oculto y los espíritus de la tarde
Barcelona, Spain Noguer,1985 134 p.

Martín Gaite, Carmen
Las ataduras
Ediciones Destino,1960 90 p.

Vasconcelos, José Mauro de
Mi planta de naranja lima
Buenos Aires, AG. Editorial El Ateneo 178 p.

 Irene A. Zingg has a background in Education, Foreign Language Teaching, and Applied Linguistics. Her training in curriculum design has enabled her to publish nine textbooks (http://www.lulu.com/spotlight/sobremesa). Irene's embrace of neurocognitive research has enhanced her understanding of the teaching and learning process. She believes that there is an urgent need for more innovative and evidence-based teaching methods. Irene is committed to designing more effective and meaningful learning experiences that will provide our children with the education they truly need.